BEI GRIN MACHT SICH IHR WISSEN BEZAHLT

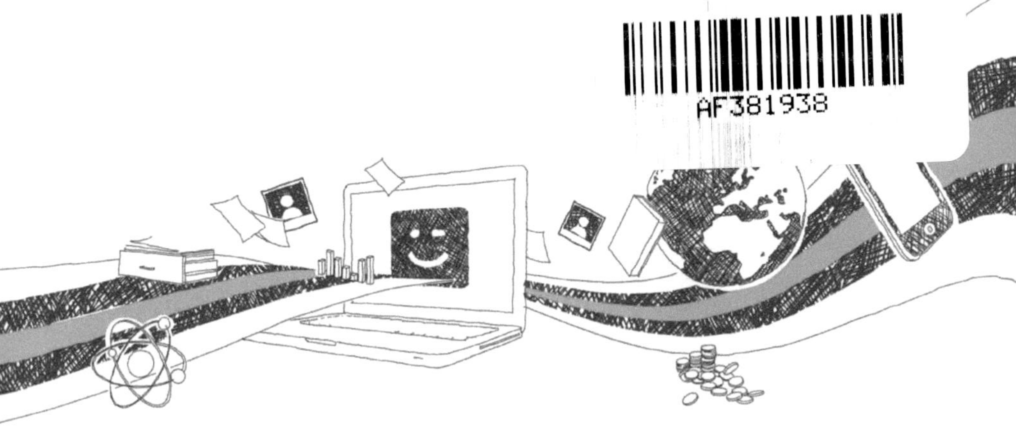

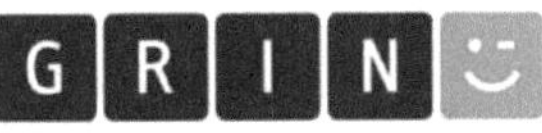

- Wir veröffentlichen Ihre Hausarbeit, Bachelor- und Masterarbeit

- Ihr eigenes eBook und Buch - weltweit in allen wichtigen Shops

- Verdienen Sie an jedem Verkauf

Jetzt bei www.GRIN.com hochladen und kostenlos publizieren

GRIN

Lisa Marie Knitter

Einsamkeit im Bild. Das Isolationsmotiv in „Wanderer über dem Nebelmeer" von Caspar David Friedrich und „Nighthawks" von Edward Hopper

GRIN Verlag

Bibliografische Information der Deutschen Nationalbibliothek:

Die Deutsche Bibliothek verzeichnet diese Publikation in der Deutschen National-
bibliografie; detaillierte bibliografische Daten sind im Internet über http://dnb.d-
nb.de/ abrufbar.

Impressum:

Copyright © 2009 GRIN Verlag GmbH
Druck und Bindung: Books on Demand GmbH, Norderstedt Germany
ISBN: 978-3-640-85567-4

Dieses Buch bei GRIN:

http://www.grin.com/de/e-book/168327/einsamkeit-im-bild-das-isolationsmotiv-in-
wanderer-ueber-dem-nebelmeer

FACHARBEIT DER GYMNASIALEN OBERSTUFE

Einsamkeit im Bild:

Vergleich von Isolationsmotiven anhand der Werke „Wanderer über dem Nebelmeer" (1818)
von Caspar David Friedrich und „Nighthawks" (1942) von Edward Hopper

von Lisa Marie Knitter

Schiller Gymnasium Hameln – Europaschule

Seminarfach Kunst
2009

INHALTSVERZEICHNIS

1. Einführung

Als ein stetig präsenter Faktor in unserer Gesellschaft hat das Gefühl der Einsamkeit im Laufe der kulturgeschichtlichen Epochen auch den Weg in die Kunst gefunden. Laut der Definition verschiedener Lexika, bezeichnet der Begriff Einsamkeit, das Gefühl von anderen Menschen isoliert oder abgeschieden zu sein. Doch lässt sich ein unsichtbares Gefühl wirklich so allgemein definieren?

Gegenstand der Facharbeit ist der Vergleich der Isolationsmotive in den Werken „Wanderer über dem Nebelmeer" (1818) von Caspar David Friedrich und „Nighthawks" (1942) von Edward Hopper.

Da beide Künstler verschiedenen Epochen zuzuordnen sind, werde ich zunächst einen Überblick der Epochen, basierend auf dem gesellschaftlichen und historischen Kontext geben. Durch die Einordnung Caspar David Friedrichs in die Romantik und die Einordnung Edward Hoppers in die Moderne bzw. in die American Scene, werde ich die Geisteshaltung der Künstler ihrer Epoche gegenüber erläutern.

Eine Bildbeschreibung und -analyse der Werke geschieht vorbereitend auf die anschließende Auswertung der Isolationsmotive und den Vergleich dieser. Herausgestellt wird hierbei auch die Bewertung der Einsamkeit in den vorgestellten Epochen.

Ein Beispiel aus der modernen Kunst soll die Empfindung und Verarbeitung des Motivs der Einsamkeit in der heutigen Zeit verdeutlichen.

2. Vorstellung der Künstler und ihrer Werke anhand einer kunstgeschichtlichen Einordnung, basierend auf einem historischen und gesellschaftlichen Kontext der Epoche, sowie einer Bildbeschreibung und –analyse der ausgewählten Werke

2.1. Romantik – Caspar David Friedrich

Die Epoche der Romantik umfasst eine von Ende des 18. Jahrhunderts bis weit in das 19. Jahrhundert hineinreichende gesamteuropäische geistes- und kunstgeschichtliche Ära, die ihren Höhepunkt in Deutschland fand. Allerdings ist der Begriff der Romantik älter als die Epoche selbst. Er entstand im 17. Jahrhundert zur Beschreibung romanhaften Erzählens fiktiver Geschichten im Roman und der Romanze.[1] „Die Einordnung der Romantik sowie ihre Abgrenzung im Verhältnis zur Klassik [...] wird dadurch erschwert, daß in der Romantik Bewußtsein und

---

[1] vgl. Dr. Langermann, Detlef: „Duden Literatur – Basiswissen Schule", Duden PAETEC Schulbuchverlag (2006), S. 284

Reflexion, aber auch die Abgründe des Seelischen [...] für entscheidend galten."[2] Die Romantiker stellten dem von nüchterner Vernunft und wissenschaftlicher Forschung geprägten Zeitalter der Aufklärung und Klassik das Seelenleben der Menschen, das Mystische und Wunderbare entgegen.[3] Während die von Kant begründete Aufklärung forderte sich dem eigenen Verstand, als Ausweg aus der selbstverschuldeten Unmündigkeit zu bedienen, sahen die Romantiker in der Religion die Grundlage ihres Selbstverständnisses.[4] „Die Romantik war eine Gegenwelt zur Vernunft: Der Traum, die Sehnsüchte, das Unbewusste, das Dämonische und das Heilige galten als darstellenswert."[5] Vertreter der Romantik sahen die Gesellschaft geprägt vom Gewinnstreben und vom bloßen Nützlichkeitsdenken des beginnenden industriellen Zeitalters und lehnten die Wirklichkeit des ausgehenden 18. und beginnenden 19. Jahrhunderts radikal ab.[6] „Mit der Empfindsamkeit verband sie das Aufgehen empirischer Wirklichkeit in einer höheren, kunstgeschaffenen."[7] Auf dem Hintergrund ihrer individualistischen Grundeinstellung isolierten sich die Romantiker durch die Flucht aus der Wirklichkeit, in phantastische und idyllische Welten, weitestgehend aus dem gesellschaftlichen Leben. Die Idee der Romantik basierte auf der individuellen Entfaltung des Geistes, welcher es dem Künstler ermöglichte sich in romantischer Freiheit über die eigene Kunst und Genialität zu erheben und selbstkreierte Sinneswelten, als Flucht aus der Wirklichkeit in eine „Autonomie künstlerischer Weltsicht", in seine Werke einzubinden.[8]

Anders als die Klassiker waren die Romantiker Kritiker der bestehenden Gesellschaftsstruktur und unterstützten zunächst die republikanischen Ideen der französischen Revolution wie Freiheit, Gleichheit und Brüderlichkeit, welche eine Umstrukturierung der feudalen Ständegesellschaft einleiten sollten. Im Jahre 1806 führte der durch die Napoleonischen Kriege und dem gegründeten Rheinbund verursachte Zusammenbruch des Heiligen Römischen Reiches deutscher Nation besonders zur Idealisierung des Mittel- alters als letzte universale Kultur,[9] da die Menschen durch den christlichen Glauben verbunden gewesen seien.[10]

Der Grundgedanke der romantischen Auffassung umfasste die „Poetisierung" des Lebens.[11] „Die erstrebte Annullierung der Aufklärung, die Rückverwandlung des Wissens ins Unbewußte und die künstliche Herstellung eines »mythischen« Zustandes sollten die Kluft zwischen der

---

[2] Frenzel, Herbert A. und Elisabeth: „Daten deutscher Dichtung – Chronologischer Abriß der deutschen Literaturgeschichte – Band 1 Von den Anfängen bis zum Jungen Deutschland", Deutscher Taschenbuchverlag (1990), S. 296, Z. 12-14
[3] vgl. Schmitz, Alfried (o.J.): „Literatur der Romantik" auf Planet Wissen Online: http://www.planet-wissen.de/pw/Artikel,,,,,,30BD4B7B540B4860E0440003BA5E0921,,,,,,,,,,,,,,.html (1.3.2009)
[4] vgl. Eschenburg, Barbara, „Landschaft in der deutschen Malerei – Vom späten Mittelalter bis heute", Verlag C.H. Beck München (1987), S.123
[5] Dr. Langermann (2006), S. 284, Z. 28-30
[6] vgl. Pohl, Wolfgang (o.J.) : „Romantik (1798-1835)" auf Homepage Wolfgang Pohl: http://www.pohlw.de/literatur/epochen/romantik.html (1.3.2009)
[7] Dr. Langermann (2006), S. 284, Z. 25-27
[8] vgl. Frenzel (1990), S. 299
[9] vgl. Dr. Langermann (2006), S. 284
[10] vgl. Pohl (o.J.), http://www.pohlw.de/literatur/epochen/romantik.html (1.3.2009)
[11] vgl. Frenzel (1990), S. 299

Volkspoesie und der verfeinerten Dogma schließen und auf artistischem Wege zu einer Repoetisierung des Lebens führen."[12] Romantiker sahen die romantische Poesie als eine „progressive Universalpoesie" und eine Rückbesinnung auf das Mittelalter. Die Universalpoesie sollte sowohl Poesie und Prosa, Genialität und Kritik, als auch Kunstpoesie und Naturpoesie miteinander in Beziehung setzen.[13]

Die Veränderungen im gesellschaftlichen Denken beeinflussten auch die Kultur und inspirierten Maler, Musiker, Philosophen und Schriftsteller zu neuartigen Werken.[14] Eine bezeichnende Forderung der Romantiker war die „Synästhesie", das Farbenhören und Musiksehen, mit dem einzelne Sinnesgebiete miteinander kombiniert wurden, sodass die Künste teilweise schwellenlos ineinander übergingen und nur miteinander funktionierten.[15]

Beeinflusst waren die Romantiker von den Philosophen Johann Gottlieb Fichte (1762-1814) und Friedrich Wilhelm Schelling (1775-1854), die den Geist bzw. die Natur als grundlegendes Prinzip allen Seins betrachteten.[16] In keiner vorhergehenden Epoche war die Landschaft so umfassend begriffen und mit religiösem Gehalt erfüllt worden wie in der Romantik. Mensch und Natur wurden in eine innige Beziehung gesetzt und beziehungsreiche Kompositionen lösten in der Kunst die statischen Ordnungen der Klassik ab.[17] Die Künstler sahen in der Landschaft die Wahrnehmung des Göttlichen und die rückhaltlose Selbsterkenntnis. Dabei ging es nicht um die naturalistische Darstellung der Natur, sondern viel mehr um die Vermittlung des Gemütszustandes des Künstlers durch das gewählte Motiv.[18]

Caspar David Friedrich gilt als zentrale Figur der Romantik und als berühmter Vertreter der Landschaftsmalerei. Der deutsche Maler und Grafiker wurde am 5. 9. 1774 in bescheidenen Verhältnissen in Greifswald geboren. Im Alter von 16 Jahren begann er eine Ausbildung zum Illustrator. Der Lehrer prägte Caspar David Friedrich zum einen in seiner Motivwahl, zum anderen in seiner Weltsicht nachhaltig. Quistorp machte ihn früh auf die Schönheit und Bedeutung der Landschaft seiner nordischen Heimat aufmerksam und machte ihm so die philosophischen Ideen seiner Zeit, zum Beispiel die aufgeklärte Gefühlsfrömmigkeit zugänglich.

Mit zwanzig Jahren verließ Caspar David Friedrich Greifswald zum ersten Mal und ging für vier Jahre an die Kunstakademie in Kopenhagen. Später ließ er sich in Dresden, dem Zentrum der Frühromantik, nieder. Durch sein erstes Ölgemälde, "Das Kreuz im Gebirge" (1808) löste der Maler heftige Diskussionen aus. Seine Arbeit verschaffte ihm erste Erfolge und Auszeichnungen, sodass er an Popularität und Prominenz gewann.

---

[12] Frenzel (1990), S. 299, Z. 11-16
[13] vgl. Frenzel (1990), S. 299
[14] vgl. Schmitz (o.J.),
http://www.planet-wissen.de/pw/Artikel,,,,,,,30BD4B7B540B4860E0440003BA5E0921,,,,,,,,,,,,,,.html
(1.3.2009)
[15] vgl. Frenzel (1990), S. 299
[16] vgl. Frenzel (1990), S. 297
[17] vgl. Jahn/Haubenreisser: „Wörterbuch der Kunst", Alfred Kröner Verlag (1989), S. 724
[18] vgl. Schmied, Wieland, „Caspar David Friedrich", DuMont Buchverlag (2002), S. 20

Aufenthalte auf Rügen und in Greifswald, sowie eine längere Wanderung im Riesengebirge im Jahr 1810 inspirierten zu einigen großen Bildern.

„Auch in den Jahren der Befreiungskriege, da der patriotische Sinngehalt seiner Bilder den Publikumsgeschmack traf, wurde Friedrich nie wirklich wohlhabend, obwohl er durchaus Berühmtheit erlangte. Mit dem Zurückgehen der allgemeinen patriotischen Begeisterung nach den Befreiungskriegen schadete dem Maler seine gleich bleibend nationale Einstellung eher."[19]

Seine letzten fünf Lebensjahre waren geprägt von Menschenfeindlichkeit und der damit verbundenen Vereinsamung. Er fühlte sich in seiner Kunst unverstanden und zog sich immer mehr zurück. Durch gesundheitliche Schwierigkeiten konnte Caspar David Friedrich seinem Handwerk nur noch eingeschränkt nachgehen, sodass er in finanzielle Not geriet. Am 7. Mai 1840 verstarb Caspar David Friedrich, nach zwei Schlaganfällen in Dresden.[20]

Friedrich vollzog, beeinflusst durch die Veränderungen in der Kunst und Gesellschaft, einen endgültigen Bruch mit Moden und Konventionen und verließ die Tradition der Landschaftsmalerei. Durch eine neue Formsprache versuchte er seine tief religiösen und politischen Ansichten symbolisch auszudrücken und gleichzeitig seine starke emotionale Verbindung zur Natur mitzuteilen. Caspar David Friedrich verpflichtete sich sowohl der italienischen, als auch der empirischen Tradition und verband Aspekte der Kompositionsweise Claude Lorrains, der für seine idealistische Landschaftmalerei bekannt ist, mit einem durch Beobachtung erlangten Naturalismus.[21]

In seinem Verständnis sollte Kunst zwischen den beiden Werken Gottes, Mensch und Natur, vermitteln. Durch eine realistisch-emotionale Darstellungsweise der Landschaften verarbeitete Caspar David Friedrich Stimmungen und Empfindungen.

2.1.1. Bildbeschreibung und –analyse des Bildes „Wanderer über dem Nebelmeer" (1818) von Caspar David Friedrich

Das Gemälde „Wanderer über dem Nebelmeer" von Caspar David Friedrich, entstand im Jahre 1818 und wurde in Öl auf Leinwand im Format 94,8 cm x 74,8 cm gemalt. Heute befindet sich das Werk in der *Hamburger Kunsthalle*.[22]

Im Zentrum des Vordergrundes, welcher durch schroffe Felsspitzen begrenzt wird, zeigt das Bild eine in aufrechter Körperhaltung und auf einem erhöhten Gebirgsgipfel stehende männliche

---

¹⁹ o.V. (2007): „Zeitreise Mitteldeutschland – Caspar David Friedrich (1774-1840)" auf MDR Online: http://www.mdr.de/geschichte/reise/personen/128674.html (1.3.2009)
²⁰ ebd.
²¹ vgl. o.V.: „Caspar David Friedrich", Verlag Atelier im Bauernhaus (1993), S. 7
²² vgl. Thomas, Karin; Seydel, Fritz; Prof. Dr. Sowa, Hubert, „Bildatlas Kunst", Ernst Klett Verlag Stuttgart (2007), S. 132

Rückenfigur. Der Mann befindet sich in der senkrechten Bildmittelachse. Sein durchgestrecktes rechtes Standbein ist leicht zurückgesetzt und er ist städtisch vornehm gekleidet. Am Nacken lässt sich ein weißer Hemdkragen unter dem schwarzen Mantel erkennen. In der rechten Hand hält er einen schlanken Spazierstock. Vor ihm erstreckt sich eine weite Berglandschaft, deren Täler durch ein dichtes Nebelmeer nur verschwommen zu erkennen sind. Entfernte, teils mit Bäumen bewachsene Felshöhen, ragen im Bildmittelgrund waagerecht verlaufend und zur Mitte abfallend aus dem Nebelmeer und reichen bis zur waagerechten Bildmittelachse. Im Hintergrund des Bildes befindet sich links ein pyramidenförmiger abgerundeter Berg. Im rechten Bildhintergrund ist eine kantige Felsformation zu sehen. Der Horizont stellt Vorder- und Hintergrund in das Verhältnis 1:2. Anhand der verschwommenen Lichtstreifen am Horizont entsteht der Eindruck, dass das Bild den Anbruch des Tages zeigt.[23]

Die Raumschichten des Bildes lassen sich durch die malerischen Mittel deutlich unterscheiden, werden aber auch durch die dazwischen liegenden Nebelschwaden miteinander verbunden. Die raumillusionistische Darstellung der Landschaft wird durch die Luft- und Farbperspektive zu einer fast sogartigen Tiefenwirkung gesteigert.[24] Caspar David Friedrich gibt die Landschaft sehr naturalistisch wider.

Scharflinig wird der fast einheitlich dunkel gehaltene Vordergrund aus Felsvorsprung und Figur durch einen Hell-Dunkel-Kontrast von der hellen Umgebung abgesetzt. Im Gegensatz zur Unschärfe des Hintergrundes, verursacht durch das dichte Nebelmeer, sind der Felsen und der Wanderer klar konturiert. Sowohl durch den Hell-Dunkel-Kontrast als auch die Luftperspektive wird eine Grenze zwischen Vorder- und Hintergrund erzeugt. Die Rückenfigur wird perspektivisch vor die Landschaft gestellt und schaut wie der Betrachter selbst, auf die entfernte Berglandschaft, die sich über die Bildgrenzen hinaus fortsetzt.[25]

Das Bild verfügt über ein eingeschränktes Gesamtkolorit. Das diffuse Morgenlicht eliminiert die reinen Buntfarben und lässt den Himmel in blau-grauen und weißlich-gelben Tonabstufungen erscheinen. Caspar David Friedrich nutzt die Möglichkeiten der Farbperspektive, indem er im Vordergrund warme und im Hintergrund kalte Farben verwendet.[26] „Die Blautöne des Gebirgszuges werden in Abstufungen nach hinten immer schwächer, die letzten Gipfel rücken in einem hellen Zyanblau sehr weit in den Hintergrund. Das leicht mit violett angemischte Blau des Himmels oder die erdigen Farben des Felsens schieben sich dagegen nach vorn."[27] Der Farbauftrag der Ölfarben ist im Vordergrund deckend. Im Bildmittelgrund werden die deckenden Farben

---

[23] vgl. o.V. (o.J.): „Caspar David Friedrich -Wanderer Über dem Nebelmeer, 1815/20":
marcel.disputatoren.de/der-wanderer-ueber-dem-nebelmeer.doc (1.3.2009)
[24] ebd.
[25] ebd.
[26] ebd.
[27] Thomas; Seydel; Prof. Dr. Sowa, (2007), S. 132, Z. 3-20

durch transparente Lasuren überdeckt. Im Hintergrund ist kein expliziter Pinselduktus zu erkennen.[28]

Die Komposition ist streng linear und weist geometrische Ordnungen auf. Formal lässt sich erkennen, dass der Wanderer in der senkrechten Bildmittelachse steht. Auch „die aufsteigenden Richtungen der vordersten Felspartie zielen auf einen Punkt, der auf der senkrechten Achse liegt. In diesem Punkt fallen gleichzeitig auch die entfernt liegenden Höhenzüge in der Herzgegend des Wanderers, dem Bildzentrum, zusammen. Die Felshöhen im Bildmittelgrund reichen bis zur waagerechten Bildmittelachse und teilen so das Bild in zwei Hälften.[29]

Die geometrischen Strukturen des Bildes korrespondieren mit den inhaltlichen Absichten des Malers. Die Liebe zur Natur, Religiosität und Patriotismus bildeten die Pfeiler des bürgerlichen Selbstverständnisses in der Romantik. Durch die Weite der Landschaft weist Caspar David Friedrich auf die Unermesslichkeit der Schöpfung hin. Die scharfe Kontur zwischen Vorder- und Hintergrund verdeutlicht das Gefühl der Abgeschnittenheit von der erhofften Zukunft. Der im Bild dargestellte Anbruch des Tages könnte symbolisch für den Anfang einer neuen Epoche stehen, welche als eine Gegenwelt zur Epoche der Aufklärung und Vernunft zu verstehen ist.[30] Der dargestellte Zustand der Natur spiegelt den Zustand der Seele wider und verweist auf den Sinn des Lebens.[31] „Die Rückenansicht verdichtet das Moment des Alleinseins. Die dargestellte Person nimmt im Bild denselben Blickwinkel auf die Landschaft ein wie der Betrachter des Bildes von außen und wird so zur Identifikationsfigur."[32] Im Kennzeichen der Romantik wollte Caspar David Friedrich mit dieser Darstellung die Gefühlswelt zum Ausdruck bringen, die ihn mit der Landschaft verbindet.[33] „In einer Art mystisch-religiösen und melancholischen Versenkung in die Natur, beschwor er alte Frömmigkeit und die damit verbundenen Lebensordnungen".[34]

2.2.1. American Scene – Edward Hopper

Der Begriff Realismus taucht in der Kunstgeschichte immer wieder periodisch auf.[35] Mit dem Begriff Realismus ist nicht eine klar einzugrenzende Kunstrichtung gemeint, sondern das Bemühen eines Künstlers um eine realistische, gegenständliche und sachliche Darstellungsweise.[36]

---

[28] vgl. o.V. (o.J.), marcel.disputatoren.de/der-wanderer-ueber-dem-nebelmeer.doc (1.3.2009)
[29] ebd.
[30] ebd.
[31] vgl. Thomas; Seydel; Prof. Dr. Sowa, (2007), S. 132
[32] Thomas; Seydel; Prof. Dr. Sowa, (2007), S. 132, Z. 8-10
[33] vgl. Thomas; Seydel; Prof. Dr. Sowa, (2007), S. 132
[34] vgl. o.V. (o.J.), marcel.disputatoren.de/der-wanderer-ueber-dem-nebelmeer.doc (1.3.2009)
[35] vgl. Carlet, Patrick: „Nighthawks by Edward Hopper": www.clan-spirix.com/tle/nighthawks.pdf (1.3.2009), S. 2
[36] vgl. Grabisch, Sanne (2006): „Amerikanischer Realismus": http://ideal.istik.de/Texte/Am_Realismus.pdf

„Während die amerikanische Literatur sich schon im 19. Jahrhundert von den europäischen Vorbildern abgewandt hatte, gelangte die amerikanische Kunst zu ähnlicher Reife erst, nachdem die Vereinigten Staaten als Weltmacht aus dem Zweiten Weltkrieg hervorgegangen waren."[37] Die Künstler bemühten sich mit ihren Werken einen eigenständigen Stil zu begründen und doch die Verbindung zu der europäischen Tradition aufrechtzuerhalten.[38]

Der sich in den unterschiedlichsten Formen über fast die gesamte Zeit der Kunstproduktion der USA erstreckende Amerikanische Realismus,[39] auch als American Scene bekannt, umfasst einen wesentlichen Teil der nichtabstrakten Kunst Amerikas. Entstanden ist die American Scene aus der Tradition der Ashcan-School, einer um die Jahrhundertwende aufgekommene Kunstrichtung, die ihre Motive nicht mehr der heilen Welt des amerikanischen Durchschnittsbürgers entnahm, sondern ihre Themen in den proletarischen Vierteln Manhattans suchte, in denen Armut und Kriminalität herrschte. Ihre malerische Darstellung basierte auf den aus Europa überlieferten akademischen Mitteln.[40]

Doch die Amerikanische Kunst fand anfangs wenig Anklang bei der amerikanischen Bevölkerung. Während man den Schülern der Ashcan-School riet „das eigene Land zu studieren, sein Leben und seine Typen darzustellen"[41], anstatt „nach Europa zu gehen und eine doch nur oberflächliche Vorstellung von der Kunst der alten Welt zu gewinnen"[42], erwarben die Amerikaner lieber Nachahmungen der Werke französischer Salonmaler.[43]

Nicht nur die Verarbeitung von Erfahrungen des amerikanischen Alltags waren Themen der American Scene. Auch die Einordnung dieser in einen konkreten amerikanischen Zusammenhang war ein Anliegen der Künstler. Während der zwanziger Jahre schuf die Ashcan-School neue Ausdrucksformen und versuchte durch die Vermittlung einer sozialkritischen Haltung in ihren Werken auf die Missstände der Bevölkerung aufmerksam zu machen. Der historische Kontext jener Zeit war ausschlaggebend für diese Veränderung. Zu dieser Zeit nannte man diesen Kunststil zum ersten Mal American Scene.[44] Die fortschreitende Industrialisierung des 20. Jahrhunderts rief eine Zeit der künstlerischen Revolution in Amerika hervor. Die wachsenden Industriemetropolen zogen mit zunehmendem Bedarf an Arbeitskräften eine Welle von Immi-

---

(1.3.2009), S. 1

[37] Rose, Barbara: „Amerikas Weg zur modernen Kunst – Von der Mülltonnenschule zur Minimal Art", Verlag M. DuMont (1969), S. 9, Z. 4-7

[38] vgl. Rose (1969), S. 9

[39] vgl. Grabisch (2006), http://ideal.istik.de/Texte/Am_Realismus.pdf (1.3.2009), S. 1

[40] vgl. hrsg. von der Redaktion der TIME-LIFE-Bücher: „Amerikanische Malerei 1900-1970", TIME-LIFE International (Nederland) B.V. (1977), S13-20

[41] Rose (1969), S. 11, Z. 1

[42] Rose (1969), S. 11, Z. 2-3

[43] vgl. Rose (1969), S. 11

[44] vgl. Redaktion der TIME-LIFE Bücher (1977), S. 13-20

granten ins Land,[45] welche die amerikanische Lebensart kulturell, wie auch in politischer und gesellschaftlicher Hinsicht, stark prägte.[46] In den Bildern des Amerikanischen Realismus wird die Kritik an diesen gesellschaftlichen Verhältnissen Amerikas deutlich. Auch der „amerikanische Geist" fand Einzug in die nationalen Kunst und versuchte die Bevölkerung durch die Vermittlung des Patriotismus und der Prägung eines nationalen Bewusstseins Zuversicht zu schenken.[47]

Später wählten die Künstler Motive der amerikanischen Lebensart biederer Kleinstädte. Einen neuen Stil hingegen beschritten die „Präzisionisten", indem sie sich nicht den Menschen in den Blickpunkt ihrer Werke setzten, sondern sich der Abbildung banaler Sachverhalte zuwendeten. Durch die Auswahl lokaler Themen und Motive entstanden, durch die Abbildung von Industriegebieten, Armenvierteln und Hinterhöfen, strukturbetonte Gemälde mit einer reduzierten Formskala. Dabei wurden die „Präzisionisten" nicht nur von der Ashcan-School beeinflusst, sondern mehr von Marcel Duchamp, dem Mitbegründer der New Yorker Dada-Gruppe. Er manifestierte fertige Objekte und lenkte so den Blick der „Präzisionisten" auch auf die unscheinbarsten Dinge, die sie dann in geometrisch-konstruierter Vereinfachung ins Bild setzten. Die plakative und flächige Farbgebung unterstützte den Charakter der Vereinfachung zusätzlich.[48]

Der im Hinblick auf seine Nachwirkungen bedeutendste Vertreter der American Scene ist Edward Hopper. Er wurde am 22. Juli 1882 in Nyack/New York als zweites Kind von Garret Henry Hopper und Elizabeth Griffiths Smith Hopper geboren. Von 1900 bis 1906 studierte er an der *New York School of Art* Illustration sowie Malerei. In den darauffolgenden drei Jahren bereiste Hopper Europa und besuchte unter anderem die Kunstszenen in Paris, London, Brüssel, Amsterdam und Berlin. Die Kunstszene Paris beeindruckte Edward Hopper in einer besonderen Weise und prägte seinen späteren Malstil. So ist in vielen Werken Hoppers seine Bewunderung für die Kunst des französischen Realisten Edouard Manet zu finden.

Im Jahre 1905 begann Hopper seine Arbeit als Illustrator. Überwiegend arbeitete er jedoch für die große Werbeagentur *C.C. Phillips & Co* in New York. Der Tätigkeit als Illustrator blieb Edward Hopper 20 Jahre lang treu, zählte diese allerdings nicht als Teil seines künstlerischen Schaffens.

1923 lernte Hopper die Malerin Josephine Verstille Nivison kennen, die er am 9. Juli 1924 heiratete. Sie gab die eigene Malerei weitgehend auf und wurde zu dem Modell, das am häufigsten in Hoppers Bildern weiterlebt. Sie war es auch, die seine Teilnahme an einer internationalen

---

[45] vgl. Rose (1969), S. 10
[46] vgl. Grabisch (2006), http://ideal.istik.de/Texte/Am_Realismus.pdf (1.3.2009) , S. 2
[47] vgl. Redaktion der TIME-LIFE Bücher (1977), S. 13-20
[48] vgl. Redaktion der TIME-LIFE Bücher (1977), S. 61-68

Gruppenausstellung des *Brooklyn Museum of Art,* die für Hopper den Durchbruch brachte, vermittelte.

Während der Weltwirtschaftskrise entwickelt sich Hoppers Ruf in der Kunstszene und er wird zu einem der bekanntesten und anerkanntesten Maler in den USA. Bereits 1933 zeigte das *Museum of Modern Art* eine Retrospektive. Hopper war zu diesem Zeitpunkt 51 Jahre alt. In den darauffolgenden Jahren gewann er viele wichtige Preise. Am 15. Mai 1967 stirbt Hopper in seinem New Yorker Atelier in der Nähe des Washington Square.[49]

Edward Hopper hat die Isoliertheit von Menschen, Räumen, Dingen und Situationen wie kein anderer zum universalen Thema seiner Werke gemacht. Seine Bilder spiegeln die verunsicherte amerikanische Bevölkerung wider, welche in der durch die Industrialisierung des 20. Jahrhunderts vorangetriebene Urbanisierung, in der Anonymität der Großstädte vereinsamt. Er schafft mit seinen Bildern Momentaufnahmen, in denen der Mensch, das Individuum und seine Gefühlswelt in den Mittelpunkt gerückt werden. Seine konstruierten Räume, die durch ihre Perspektive das Gefühl der Einsamkeit und Verlorenheit verstärken, waren Vorlage vieler filmischer Kulissen. An seine Genauigkeit und Präzision knüpften die Neuen Realisten der 1960er an.[50]

2.2.1. Bildbeschreibung und –analyse des Bildes „Nighthawks" (1942) von Edward Hopper

Das Bild „Nighthawks" wurde im Jahre 1942 von Edward Hopper in Öl auf Leinwand im Format 76 cm x 152 cm gemalt. Heute befindet sich das Werk im Besitz des *Art Institute of Chicago.*[51]

Das Bild zeigt ein mit Neonlicht beleuchtetes Restaurant in den Straßen New Yorks bei Nacht. Es befindet sich in einem Eckgebäude der Straße und ist nur als Ausschnitt im rechten Bildteil abgebildet. Insgesamt füllt es etwa 2/3 der Leinwand. Das andere Drittel im linken Teil des Bildes zeigt den Ausschnitt einer Straße mit mehrstöckigen Gebäuden. Die Geschäftszeile in der unteren Etage der Gebäude rückt teilweise in den Lichtkegel des blassgrünen Lichtes aus dem Innenraum des Restaurants. Auch die Wohnungen in der ersten Etage werden spärlich durch den Lichtschein erhellt, der auf die Straße fällt.

Durch die großen Glasscheiben des Restaurants lässt sich der Verlauf der menschenleeren Straße auch noch hinter diesem verfolgen. Die Fensterfront, unterhalb von grünen Fensterbänken begrenzt, ermöglicht zudem den Einblick in das Geschehen innerhalb des Restaurants. Die Dunkelheit, die von außen in das Lokal einbricht, kann nur teilweise vom künstlichen Licht verdrängt werden. Ein dreieckiger Tresen bildet das Zentrum des Raumes. Auf ihm steht ganz rechts ein leeres Glas. Zwei Mal tauchen Serviertenspender, Salzstreuer- und Pfefferstreuer als

---

[49] vgl. Carlet (o.J.), www.clan-spirix.com/tle/nighthawks.pdf (1.3.2009), S.3
[50] vgl. Redaktion der TIME-LIFE Bücher (1977), S. 61-68.
[51] vgl. Thomas; Seydel; Prof. Dr. Sowa, (2007), S. 55

eine Einheit auf dem Tresen auf. Die Wände sind in einem gelblichen, fast weißen Ton gehalten.

Links am Tresen sitzt ein Mann, der als Rückenfigur auf einem Barhocker, mit dunklem Anzug und Hut bekleidet, erscheint. Sein Kopf ist gesenkt, wodurch sich die Haltung seines Oberkörpers leicht nach vorn verlagert. Die Unterarme hat er bis zum Ellenbogen auf den Tresen gestützt und vermutlich vor der Brust verschränkt. Rechts vor ihm stehen ein weißer Kaffeebecher und ein Salzstreuer. Die Barhocker neben ihm sind leer.

An der anderen Tresenseite sitzen zwei weitere Personen. Links sitzt ein Mann im schwarzen Anzug, bläulichem Hemd mit passender dunkler Krawatte und einem grauen Hut. Seinen rechten Unterarm hat er bis zum Ellenbogen auf den Tresen gelegt, wodurch sich seine Haltung nach vorn verlagert. Vor seinem Unterarm steht ein weißer Kaffeebecher. Der andere Arm verschwindet neben ihm in der Dunkelheit. Der Blick des Mannes ist starr nach vorn gerichtet, sodass sein Gesicht im Halbprofil zu erkennen ist.

Rechts neben ihm sitzt eine junge Frau mit rötlichem langen Haar. Sie trägt ein ausgeschnittenes rotes Kleid. Ihr rechter Arm ist angewinkelt auf dem Tresen aufgestützt. Den linken Arm, neben dem ein weißer Kaffeebecher steht, hat sie dicht vor ihrem Körper auf den Tresen gelegt. Ihr Blick ist auf ihre rechte Hand gerichtet, deren Finger sie betrachtet. Es scheint als würden sich die Hände des Mannes und der Frau zufällig auf dem Tresen berühren. Allerdings wird nicht deutlich, ob die beiden gemeinsam im Restaurant sind.

Hinter dem Tresen steht ein Mann, vermutlich ein Angestellter, welcher leicht nach vorn gebeugt im Profil zu sehen ist. Durch seine Haltung verschwinden seine Arme bis zum Ellenbogen unterhalb des Tresens. Er trägt einen weißen Kittel und eine schmale weiße Mütze. Hinter ihm stehen zwei metallene Getränkebehälter mit Zapfhähnen. Sein Blick ist dem Mann und der Frau rechts am Tresen zugewandt.

Edward Hoppers Bild „Nighthawks" zeichnet sich durch die Licht- und Farbgebung, sowie die perspektivische Darstellung des Raumes aus.

Es fällt schwer, das Bild in verschiedene Raumschichten zu differenzieren, da eine konkrete Perspektive oder ein Fluchtpunkt in diesem Bild nicht auszumachen sind. Ähnlich wie in einer fotografischen Aufnahme wählt Edward Hopper eine Art Weitwinkel zur Darstellung der konstruierten Szene.[52]

„Er betont die Schattenwirkung des künstlichen Lichtes auf der Architektur, indem er die Fensterfront [...] überdehnt und helle und dunkle Bereiche des Raumes deutlich voneinander

---

[52] vgl. Thomas; Seydel; Prof. Dr. Sowa, (2007), S. 54

trennt."[53] Hopper vereinfacht die Szene mit seiner flächig, reduzierten Malweise. Die „eklatante Fragilität" des beleuchteten Restaurants steht in starkem Kontrast zur Dunkelheit der Umgebung.[54] Der starke Hell-Dunkel-Kontrast von Innenraum und Umgebung lenkt den Blick des Betrachters gezielt auf das Geschehen in dem Restaurant. Die Menschen werden in den Fokus gerückt. Die Straße und die dahinter liegenden Gebäude dienen der Vermittlung des urbanen Ambiente[55] und der Einordnung in ein soziales Milieu.[56]

Der Farbauftrag ist flächig und deckend. Der Lichtkegel, der aus dem Restaurant auf die Straße fällt, hat jedoch eine lasierende Optik auf dem Untergrund. Insgesamt verfügt das Bild über ein eingeschränktes Gesamtkolorit. Die Leuchtkraft der Buntfarben wird durch die Dunkelheit der Nacht eliminiert und abgeschwächt. Erdige und dezente Farbtöne dominieren das Bild. Die grünen Fensterbänke, der blassgrüne Lichtschleier, der sich aus dem Restaurant auf die Straße legt und die rötliche Farbe der Gebäude, sowie des Kleides und der Haare der Frau am Tresen, erzeugen einen Komplementärkontrast.[57]

Das Bild „Nighthawks" stellt das entfremdende Leben und die Anonymität in einer modernen Großstadt dar. Das Restaurant dient als eine Art Zufluchtsort der Nighthawks, übersetzt Nachtschwärmer.[58] Obwohl sie eine Gruppe bilden, erscheinen sie völlig isoliert voneinander, eher als Staffagen denn als agierende Personen.[59] Die Gäste ähneln sich in ihrer ermüdeten Körperhaltung, welche sie erschöpft und gelangweilt aussehen lässt. „Das Licht rettet die Subjekte, bevor sie vollständig zum Inventar erstarren [...]", [60] bedrängt von dem Fortschritt der Moderne. Die Gesichter der Gäste wirken erstarrt und zeigen weder Emotion noch Regung. „Wie in Trance steht bei Hopper die Zeit still und das „Sein" der Figuren kommt zum Vorschein."[61] „Der Raum [...] umgibt die Menschen wie ein hermetisch geschlossenes Gefäß. Dabei wird eine Abgrenzung von der städtischen Umgebung wie von der Natur erkennbar."[62]

Hopper selbst sagte zu diesem Bild: „Ich habe die Szene sehr vereinfacht und das Restaurant vergrößert. Unbewusst wahrscheinlich habe ich die Einsamkeit in einer großen Stadt gemalt."[63]

---

[53] ebd., S. 54, Z. 18-22
[54] vgl. Plewa, J.: „Moderne Malerei – Die Bilder der Maler der Moderne entschlüsseln und vorstehen", Parthas Verlag GmbH (2007), S. 209
[55] vgl. o.V.: „Der Brockhaus – Moderne Kunst vom Impressionismus bis zur Gegenwart", F.A. Brockhaus GmbH (2003), S.153
[56] vgl. Renner, Rolf Günter, „Edward Hopper", Taschen Verlag (1992), S. 81
[57] vgl. Carlet (o.J.), www.clan-spirix.com/tle/nighthawks.pdf (1.3.2009), S. 3
[58] vgl. Plewa (2007), S. 208
[59] o.V. (2003), S.153
[60] Assheuer, Thomas (2008): „Melancholie? Dafür haben wir keine Zeit" auf Zeit Online: http://www.zeit.de/2008/45/Edward-Hopper (1.3.2009)
[61] ebd.
[62] Renner (1992), S. 80, Z. 3-6
[63] Thomas; Seydel; Prof. Dr. Sowa, (2007), S. 54, Z. 34-38

3. Vergleich der Isolationsmotive aus den Werken „Wanderer über dem Nebelmeer" (1818) von Caspar David Friedrich und „Nighthawks" (1942) von Edward Hopper

Vergleicht man die Werke „Wanderer über dem Nebelmeer" (1818) von Caspar David Friedrich und „Nighthawks" (1942) von Edward Hopper, so lassen sich Unterschiede in den Isolationsmotiven erkennen.

Angezogen von der Natur als Bild religiöser und nationaler Ideen, sahen die Romantiker die Landschaft als Zufluchtsort vor der sich verändernden Zivilisation und den Ideen der Aufklärung. Ihre individualistische Grundeinstellung machte es ihnen unmöglich, sich mit dem von der Aufklärung gefordertem, vernunftbestimmten Handeln zu identifizieren, sodass sie sich unverstanden fühlten. Die Romantiker strebten eine Poetisierung des Lebens an, wobei sie das Mittelalter als letzte wahre Universalkultur idealisierten. Die Natur als Sakralraum und Ursprung alles Göttlichen verherrlichend, versuchten sie in jenem die Abgründe ihrer Seele zu erforschen. In Melancholie und Schwermut versunken, flüchteten sie in eigens konstruierte idyllische und mystische Welten.

Durch die Flucht in die Natur isoliert sich die Figur aus dem Bild „Wanderer über dem Nebelmeer" bewusst aus dem gesellschaftlichen Leben. Caspar David Friedrich unterstützt die Aussage seines Bildes durch seine malerischen Mittel. Die konstruierte Landschaft erfährt durch die Perspektive eine unendliche Weite. Die gewählte Komposition rückt die Figur in das Zentrum des Bildes und somit in den Blickpunkt des Betrachters. Sie wird zu einer Identifikationsfigur und verdeutlicht die Bedeutung und den Stellenwert des Individuums in der Auffassung der Romantik.

Während die Bilder von Caspar David Friedrich die Einsamkeit als einen Weg zur Selbsterkenntnis und Selbstfindung beschreiben, erzählt Edward Hopper in seinen Bildern von dem entfremdeten Leben in der modernen Großstadt.

Hopper lenkt durch seine Malweise den Blickpunkt auf den Zustand des Individuums. Verstärkt wird dies durch die Fragilität der Menschen in dem Restaurant im Gegensatz zu ihrer stark konstruierten und plakativen Umgebung. Die Verteilung von Licht und Schatten unterstützt die narrative Absicht des Bildes, indem sie Bildteile verbindet oder durch Licht- oder Schattengrenzen voneinander isoliert. Die Menschen wirken durch ihre schlaffe, gebeugte Körperhaltung erschöpft und müde. Obwohl sie als Gruppe in dem Restaurant erscheinen, wirken sie durch ihre eigenen Gedanken getrennt voneinander. Sie werden von Hopper in einem Augenblick der Stille festgehalten. Isoliert und in sich eingeschlossen. Die Erstarrung der Szene offenbart sich nicht nur dem Betrachter, sondern sie spiegelt die Wahrnehmung der gemalten Menschen wider.[64] Die Motive Hoppers legen eine psychologische Spur, die latente körperliche Wünsche,

---

[64] vgl. Renner (1992), S. 83

welche den Erfahrungen früherer Natur- und Lebensformen zum Ausdruck bringen und die Unterdrückung des Körpers im Prozess der Zivilisation beschreiben.[65]

Hoppers Bilder behandeln die Reflexion über das Verhältnis von Sein und Zeit und wie das Selbstgefühl der Gesellschaft, die durch den rasch voranschreitenden Fortschritt der Moderne beeinflusst wird.[66] Die Großstadtarchitektur umschließt die Menschen in dem Restaurant und lässt sie zu unfreiwilligen Mitgliedern einer Stress-Gesellschaft werden, die sich von der Gegenwart und ihrer Technik bedrängt und eingeengt fühlt. Die Einsamkeit in Hoppers Bildern hat einen fast depressiven Charakter, als hätten die Figuren durch die Schnelllebigkeit in der Gesellschaft keine Zeit für Melancholie und Schwermut.[67]

„Hoppers gemalte Fensterblicke und Naturansichten lassen sich [...], in der notwendigen Zeitversetzung, welche die europäische und die amerikanische Moderne voneinander trennt, mit jenen Fensterbildern vergleichen, die bereits in der europäischen Romantik auf einen Stillstand im Prozeß der Zivilisation und eine Entfremdung des Menschen von der Natur deuten".[68]

4. Urbane Coolness oder vollklimatisierter Alptraum? – Ein Beispiel der Darstellung von Isolation aus der zeitgenössischen Kunst

Der junge Berliner Künstler Tim Eitel, geboren 1971 in Leipzig,[69] gilt in der Kunstszene als einer der populärsten und prominentesten Vertreter der Neuen Leipziger Schule.[70] Die Neue Leipziger Schule ist ein von amerikanischen Kunstsammlern geprägter Begriff für eine nicht definierte Gruppe von Malern wie Neo Rauch oder Matthias Weischer, die ihre Kunstausbildung an der Leipziger Hochschule für Grafik und Buchkunst absolvierten. Der Bezug zur Leipziger Schule wird bei den Künstlern in der zeichnerischen Grundhaltung und dem soliden Handwerk gesehen.[71] „Von allen gesellschaftsbezogenen Intentionen aber hält sich die Neue Leipziger Schule fern."

In seinen Bildern konstruiert Tim Eitel, durch die Verbindung von Realismus und Romantik, Szenen und Landschaften in fotorealer Ästhetik.[72]

Im Zentrum dieser, „[...] stehen einzelne Figuren oder Personengruppen, aber auch lakonische Alltagsgegenstände, banale Gerätschaften und modernistische Architekturensembles, die in bzw. vor unterschiedlich codierten Raumgefügen, wie etwa auf grafische Grundparameter re-

---

[65] ebd., S. 46-47

[66] vgl. Assheuer (2008), http://www.zeit.de/2008/45/Edward-Hopper (1.3.2009)

[67] vgl. Assheuer (2008), http://www.zeit.de/2008/45/Edward-Hopper (1.3.2009)

[68] Renner (1992), S. 8, Z. 4-10

[69] vgl. o.V. (o.J.): „Tim Eitel" auf Aenne Burda Charity:
http://www.aenne-burda-charity.de/de/die-ebay-auktion (1.3.2009)

[70] vgl. o.V. (o.J.): „Tim Eitel – Profis (2008)" auf Texte zur Kunst:
http://www.textezurkunst.de/editionen/tim-eitel/ (1.3.2009)

[71] vgl. o.V. (o.J.): „Neue Leipziger Schule" auf Meyers Online Lexikon:
http://lexikon.meyers.de/wissen/Neue+Leipziger+Schule+(Sachartikel) (1.3.2009)

[72] vgl. o.V. (o.J.), http://www.aenne-burda-charity.de/de/die-ebay-auktion (1.3.2009)

duzierte Nicht-Orte, schematisierte Museumssäle oder nur skizzenhaft angedeutete Landschaften, arrangiert werden."[73]

Das klassisch-romantische Motiv der Rückenfigur zieht sich fast konsequent durch Eitels Werke und verleiht den Bildern einen melancholischen Charakter. Die Verwendung moderner Elemente, wie die Darstellung der starren und kühlen Großstadtarchitektur verstärkt den Eindruck der Isolation und die Anonymität des Individuums. Durch die Verbindung von modernen und romantischen Elementen, erinnern die Bilder, nicht zuletzt durch ihre ähnlichen Aussagen, an Werke Edward Hoppers und Caspar David Friedrichs. Allerdings „fehlt den Bildern, die in depressionsanfälligen Gesellschaften der Gegenwart entstehen, das transzendierende Moment von Hoppers Schwermut – auch wenn sich ihr „Timbre" zum Verwechseln ähnlich sieht."[74]

Die Menschen in Eitels Welten agieren isoliert voneinander. Eingeschlossen von der zu kühlen Farbflächen erstarrten Natur und starr konstruierten, sterilen Welten, die Umwelt von sich weisend, scheinen sie in sich fast autistisch versunken. Einzig ihr Schattenwurf verbindet sie mit ihrer Umgebung. Mensch und Umwelt treffen als scharf konturierte Flächen aufeinander.[75] Es herrscht eine Spannung in den Bildern, ausgelöst durch den Kontrast von figurativer Plastizität und abstrakter Flächigkeit.[76]

Die Bilder verweigern durch die Abwesenheit lesbarer Gesichtszüge der Figuren, sowie die Darstellung rätselhafter Szenen, eindeutig identifizierbare narrative Muster.[77] Die Bewertung des Isolationsmotives ist allerdings individuell zu entscheiden. Während einige Kunstkritiker die Darstellungen als Abbild der „urbanen Coolness" sehen, sehen andere in ihnen die Abbildung des „vollklimatisierten Alptraum(s)" unseres Zeitalters.

Tim Eitel suggeriert in seinen Bildern Affekte und Stimmungen wie Isolation und Depression, aber auch Melancholie und schafft mit seinen Darstellungen „Distanz evozierende Momentaufnahmen".[78]

5. Fazit

Abschließend lässt sich feststellen, dass sich die Isolationsmotive der Werke „Wanderer über dem Nebelmeer" (1818) von Caspar David Friedrich und „Nighthawks" (1942) von Edward Hopper primär in der Bewertung des Gefühlzustandes unterscheiden. Erklären lässt sich dies durch

---

[73] vgl. o.V. (o.J.), http://www.textezurkunst.de/editionen/tim-eitel/ (1.3.2009), Z. 3-9
[74] vgl. Assheuer (2008), http://www.zeit.de/2008/45/Edward-Hopper (1.3.2009)
[75] vgl. o.V. (o.J.): „Kunst kommt von Künstlichkeit - Ein Gespräch mit Tim Eitel" auf db artmag: http://www.db-artmag.de/2006/2/d/1/419.php (1.3.2009)
[76] vgl. o.V. (o.J.), http://www.textezurkunst.de/editionen/tim-eitel/ (1.3.2009)
[77] ebd.
[78] vgl. o.V. (o.J.), http://www.textezurkunst.de/editionen/tim-eitel/ (1.3.2009)

die verschiedenen Geisteshaltungen von Moderne und Romantik, sowie die Einordnung der Epochen in einen historischen und gesellschaftlichen Kontext.

Die geistes- und kunstgeschichtliche Epoche der Romantik, zeichnet sich durch die Abgrenzung der Romantiker von den Ideen der Aufklärung und Klassik aus. Die Romantiker wählten die Einsamkeit als Weg zur Selbstfindung und Selbsterkenntnis. Ins- gesamt bewerteten sie den Gefühlszustand als positiv. Die Romantiker spürten eine enge Bindung zur Natur, die für sie der Ursprung alles Göttlichem war. Durch die Flucht in idyllische und mystische Gedankenwelten isolierten sie sich von der Zivilisation und von den Ansprüchen und Erwartungen der Ge-sellschaft. Durch weite Landschaften und einzelne Rückenfiguren in den Werken der Romantik, brachten sie ihre Faszination an der Natur und Religion zum Ausdruck. Die Rückenfiguren, ein typisch romantisches Motiv, wurden zur Identifikationsfigur für den Betrachter, der sich auch nach Freiheit und Selbstbesinnung sehnte. Die Wahl der Einsamkeit geschah in der Romantik als aktive und bewusste Entscheidung.

Betrachtet man hingegen die Moderne, fokussiert auf die American Scene, wurden die Men-schen, aufgrund der rasch voranschreitenden Industrialisierung des 20. Jahrhunderts und den damit verbunden Veränderungen innerhalb der Städte, passiv in die Einsamkeit gedrängt. Zur Schaffenszeit Hoppers fühlte sich das amerikanische Volk durch den Angriff auf Pearl Harbour 1941 und der militärischen Niederlage durch die Japaner bedroht und in die Enge getrieben.[79] Doch nicht nur die Kriegsereignisse der Jahre 1941/42 trugen zur Identitätskrise des amerikan-ischen Volkes bei. Auch die Wirtschaftskrise Amerikas in den Jahren nach 1930 verunsicherte die Menschen und ließ die Idee des „American Dream" als unwirklich erscheinen.[80]

Die fortschreitende Industrialisierung des 20. Jahrhunderts forderte einen zunehmenden Bedarf an Arbeitskräften und zog eine Welle von Immigranten ins Land. Die Armenviertel der Stadt weiteten sich aus und der ethnische Konflikt zwischen den amerikanischen Staatsbürgern und farbigen Arbeitern intensivierte sich. Das Stadtbild, geprägt von kühler Architektur, veränderte sich zunehmend, sodass durch den Anstieg der Bevölkerungszahl eine Urbanisierung unauf-haltbar war. Der Begriff des Individuums wurde zu einem abstrahierten Synonym für den Ein-zelnen. Die Menschen agierten durch die Anonymität der Großstädte isoliert voneinander und hatten nur wenig feste soziale Strukturen. Sie fühlten sich eingeschüchtert und verdrängt von den Maschinen der Industrialisierung.

Die Künstler verarbeiteten die Realität des amerikanischen Alltags in ihren Werken und brach-ten somit ihre Kritik gegenüber den sozialen gesellschaftlichen Missständen des Landes zum Ausdruck. Als unfreiwillige Mitglieder der Stressgesellschaft erfuhr die Einsamkeit der Men-schen einen depressiven Charakter, als hätten sie durch die Schnelllebigkeit der hoch-

---

[79] vgl Plewa (2007), S. 208
[80] vgl. Redaktion der TIME-LIFE Bücher (1977), S. 69

technisierten Moderne keine Zeit für Melancholie und Schwermut. Das Gefühl der Einsamkeit wurde von der Masse der Bevölkerung negativ bewertet. Die Isolation des Individuums geschah durch den gesellschaftlichen und historischen Kontext passiv und unfreiwillig.

6. Literatur- und Quellenverzeichnis

Literaturquellen

Dr. Bambach-Horst, E.; Dr. Kitschen, F.; Dr. Wolf, N.; Dr. Zuschlag, C.
„Der Brockhaus - Moderne Kunst vom Impressionismus bis zur Gegenwart"
F.A. Brockhaus GmbH Leipzig-Mannheim, 2003

Eschenburg, B.
„Landschaft in der deutschen Malerei - Vom späten Mittelalter bis heute"
Verlag C.H. Beck, München 1987

Frenzel, H.A. und E.
„Daten deutscher Dichtung - Chronologischer Abriß der deutschen Literaturgeschichte - Band 1 - Von den Anfängen bis zum jungen Deutschland"
Deutscher Taschenbuch Verlag GmbH & Co. KG, München
25. Auflage August 1990

Friedrich, A.-C.; Dr. Langermann, M.; Numrich, T.; Dr. Langermann, D.; Lindner, G.; Thietz, K.
„Duden Literatur - Basiswissen Schule"
Bibliografisches Institut & F.A. Brockhaus AG, Mannheim und DUDEN PAETEC GmbH, Berlin, 2006

Jahn. J
„Wörterbuch der Kunst"
Alfred Kröner Verlag Stuttgart
11. Auflage 1989

o.V.
„Caspar David Friedrich"
Verlag Atelier im Bauernhaus Fischerhude,1993

Plewa, J.
„Moderne Malerei – Die Bilder der Maler der Moderne entschlüsseln und verstehen"
Parthas Verlag GmbH
1. Auflage 2007

Redaktion der TIME-LIFE Bücher
„Amerikanische Malerei 1900-1970"
TIME-LIFE International (Nederland) B.V.
3. deutsche Auflage von Mortzfeld, P. 1977

Renner, R.G.,
„Edward Hopper 1882-1967 – Transformation des Realen"
Benedikt Taschen Verlag GmbH, 1992

Rose, B.
„Amerikas Weg zur modernen Kunst - Von der Mülltonnenschule zur Minimal Art"
M. DuMont Schauberg, Köln 1969

Schmied, W.
„Caspar David Friedrich"
DuMont Buchverlag, 2002

Internetquellen

http://www.aenne-burda-charity.de/de/die-ebay-auktion
   o.V.
   „Tim Eitel"
   Aenne Burda Charity
   o.J.
   zuletzt aufgerufen am 1.3.2009

http://www.db-artmag.de/2006/2/d/1/419.php
   „Kunst kommt von Künstlichkeit - Ein Gespräch mit Tim Eitel"
   o.V.
   db artmag
   o.J.
   zuletzt aufgerufen am 1.3.2009

http://lexikon.meyers.de/wissen/Neue+Leipziger+Schule+(Sachartikel)
   o.V.
   „Neue Leipziger Schule"
   Meyers Online Lexikon
   o.J.
   zuletzt aufgerufen am 1.3.2009

http://www.mdr.de/geschichte/reise/personen/128674.html
   o.V.
   „Zeitreise Mitteldeutschland – Caspar David Friedrich (1774-1840)"
   MDR Online
   o.J.
   zuletzt aufgerufen am 1.3.2009

http://www.planet-wissen.de/pw/Artikel,,,,,,,30BD4B7B540B4860E0440003BA5E0921,,,,,,,,,,,,,,,.html
   Schmitz, A.
   „Literatur der Romantik"
   Planet Wissen Online 12.6.2007
   zuletzt aufgerufen am 1.3.2009

http://www.pohlw.de/literatur/epochen/romantik.html
   Pohl, W.
   „Romantik (1798-1835)"
   Homepage Wolfgang Pohl
   o.J.
   zuletzt aufgerufen am 1.3.2009

http://www.textezurkunst.de/editionen/tim-eitel/
   „Tim Eitel – Profis (2008)"
   Texte zur Kunst
   o.J.
   zuletzt aufgerufen am 1.3.2009

http://www.zeit.de/2008/45/Edward-Hopper
   Assheuer, T.
   „Melancholie? Dafür haben wir keine Zeit"
   DIE ZEIT, 30.10.2008 Nr.45
   zuletzt aufgerufen am 1.3.2009

Internetdokumente

www.clan-spirix.com/tle/nighthawks.pdf
    Carlet, P.
    „Nighthawks by Edward Hopper"
    o.J.
    zuletzt aufgerufen am 1.3.2009

http://ideal.istik.de/Texte/Am_Realismus.pdf
    Grabisch, S.
    „Amerikanischer Realismus"
    2006
    zuletzt aufgerufen am 1.3.2009

marcel.disputatoren.de/der-wanderer-ueber-dem-nebelmeer.doc
    o.V.
    „Caspar David Friedrich -Wanderer Über dem Nebelmeer, 1815/20":
    o.J.
    zuletzt aufgerufen am 1.3.2009